In Praise of *Fuentes Vargas' Works*

Javier me pregunta si puedo escribir cien palabras para *Vaho* y yo acepto la tarea sin disponer del texto, pero con la experiencia de haber leído y saboreado algunos poemas del autor. Lo mismo me sucede entonces con el libro, me deleito en cada poema.

Personalmente disfruto mucho los textos cortos que en dos o tres estrofas logran comunicar lo que quiso decir el poeta y que, muchas veces, son poemas que son una imagen en sí mismos. En este libro encontramos precisamente eso, imágenes en cada poema, pero también poemas que son imágenes.

En *Vaho*, el autor se ofrece "*hasta hacer sangrar la palabra*" con textos cortos, muy personales, casi con confesiones internas de sí mismo, de su entorno y de lo que percibe de éste desde su visión de poeta. De su vida y de lo que la rodea, hasta la palabra en un poema.

Por eso invito a quien quiera leerlo para que disfrute del vapor expresivo que se puede descubrir en los versos que conforman este libro.

— **Rebeca Bolaños Cubillo**
Mujer mesoamericana, poeta costarricense

Javier asks me if I can write a hundred words for *Vaho* and I accept the task without having the text, but with the experience of having read and savored some of the author's poems. The same thing happens to me with the book, I delight in each poem.

Personally, I really enjoy short texts that in two or three stanzas manage to communicate what the poet wanted to say and that, many times, are poems that are an image in themselves. In this book we find precisely that, images in each poem, but also poems that are images.

In *Vaho*, the author offers himself "*until the word bleeds*" with short, very personal texts, almost with internal confessions of himself, of his environment and of what he perceives of it from his vision as a poet. From his life and what surrounds it, up to the word in a poem. That is why I invite anyone who wants to read it to enjoy the expressive steam that can be discovered in the verses that make up this book.

— **Rebeca Bolaños Cubillo**
Mesoamerican woman, Costa Rican poet

Todo "Vaho" parece ansiar ser un cadáver o cantar con dos lenguas sus gusanos. Decir niebla sería convertirse en ella. En esta casa sólo aquello que no se nombra no se transfigura en lágrima porque los nombres son caducos. Javier Fuentes Vargas es el niño que oculta su boca, más que el rostro, en el vaho - recuerdo para nombrar su sombra, la sed encerrada de sus manos que van dando cuenta, en estos poemas, de la soledad, de una casa toda hecha para la muerte, de buscar "más la piedra dura porque ésa ya no siente" (y yo también he buscado esa piedra en las veredas), del acaso llegue un Hermes (alado salvador de soledades) a azafranarnos en la lectura bilingüe de Javier sin las máscaras que nos damos al sublimar en sonidos nuestros rostros de niebla (the sound of misty faces) a través de este libro.

— **Alberto López Serrano**
poeta salvadoreño

All "Vaho" seems to long to be a corpse or sing its worms with two tongues. To say mist would be to become her. In this house, only what is not named is not transfigured into tears because names are out of date. Javier Fuentes Vargas is the child who hides his mouth, more than his face, in the mist - I remember to name his shadow, the locked thirst of his hands that are giving account, in these poems, of loneliness, of a house all made for death, to look for "the hard stone because that one no longer feels" (and I have also looked for that stone on the sidewalks), of the chance a Hermes (winged savior of loneliness) arrives to saffron us in the bilingual reading of Javier without the masks that we give ourselves by sublimating our foggy faces into sounds through this book.

— **Alberto López Serrano**
Salvadoran poet

EN LA LOCURA, MI LIBERTAD

Javier Fuentes Vargas, es solo un nombre para el mundo. Sin embargo, el mundo es solo un garabato en el ars poética de Javier. No hay reclamos si en su génesis, la composición de esta obra es una reinterpretación de la realidad. Emplear las cuestiones, la existencia, el ida y vuelta de la mente que toca el seno de una luna virginal. Posiblemente, esta locura libertina es un acto humano de desprendimiento. Javier logra encontrar una voz madura que genera una exhortación y un redibujo del entorno que lo rodea. El mundo ya no se pertenece a sí mismo, sino que ahora está en las manos del vate. En la locura – mal llamada porque es una genialidad artística – el vate ha encontrado su libertad. La misma que emana de cada verso de este libro. No hay más que agregar. Una experiencia catártica y estética encontraremos en las hojas de *Vaho/Mist*. Experiencia que va a emancipar a la humanidad encerrada en sí mismo y necesita de una genialidad para vivir. Aquí está la labor de Javier y de su obra.

— **Emilio Paz Panana**
poeta peruano, profesor de filosofía y religión y
director de la revista literaria "Kametsa"

IN THE MADNESS, MY FREEDOM

Javier Fuentes Vargas, is just a name for the world. However, the world is just a scrawl in Javier's poetic ars. There are no claims if in its genesis, the composition of this work is a reinterpretation of reality. To use the questions, the existence, the back and forth of the mind that touches the womb of a virginal moon. Possibly, this wanton madness is a human act of detachment. Javier manages to find a mature voice that generates an exhortation and a redrawing of the environment that surrounds him. The world no longer belongs to itself, but is now in the hands of the vate. In madness - misnamed because it is an artistic genius - the vate has found his freedom. The same that emanates from every verse of this book. There is no more to add. A cathartic and aesthetic experience we will find in the leaves of *Vaho/Mist*. An experience that will emancipate humanity closed in on itself and needs a genius to live. Here is Javier's work and his opus.

— **Emilio Paz Panana**
Peruvian poet, professor of philosophy and religion
and director of the literary magazine "Kametsa"

VAHO/MIST

JAVIER FUENTES VARGAS

TRANSLATED INTO ENGLISH BY
GABRIEL GONZÁLEZ NÚÑEZ

FlowerSong Press
Copyright © 2021 by Javier Fuentes Vargas
ISBN: 978-1-953447-96-8
Library of Congress Number: 2021944541

Published by FlowerSong Press
in the United States of America.
www.flowersongpress.com

Translated into English by Gabriel González Núñez
Cover Art Design by Matthew Revert
Set in Adobe Garamond Pro

No part of this book may be reproduced without
written permission from the Publisher.

All inquiries and permission requests should
be addressed to the publisher.

Contents

POESÍA EN ESPAÑOL
LOS CAMINOS APAGADOS.

Es mi cuerpo el que vaga y saluda.	2
Apátrida.	4
Nunca volví a caminar veredas.	6
Hermaia.	8
En el fondo de esta ausencia.	10
Cuaresma.	12
Canto N°1.	14
Estigma.	16
Almuerzo.	18
Otras formas de llorar.	20
Canto N°2	22
Silencio.	24
Aguas.	26
Me contaste que el agua nacía de tus manos.	28
La muerte sería un día perfecto.	30

CARNE.

I.	34
II.	36
III.	38

IV.	40
V.	42
VI.	44
VII.	46

VAHO.

Vaho.	50
Sobre lo Finito.	52
Petricor.	54
Pecado original.	58
Para sobrevivir sequías.	60
Pájaro muerto.	62
Mesías.	64
Existe un canto prohibido para nosotros.	66
En la palma abierta de cristo.	68
El amor en el aroma de la rosa.	70
Atila.	72
Antes que llegara la muerte.	74

RELAPSE.

Relapse: 2:36 AM.	78
Por no ahorcarse a tiempo.	80
Ser el niño errado.	82
Dos décadas.	84
Añoranza.	86
Herencia.	88
Hogar.	90
Vermisst.	92

POETRY IN ENGLISH

THE DIM ROADS.

It Is my Body that Wanders and Waves.	3
Homelandless.	5
I Never Paced the Sidewalks Again.	7

Hermaea.	9
At the Bottom of This Absence.	11
Lent.	13
Song No. 1.	15
Stigma.	17
Lunchtime.	19
Other Ways to Cry.	21
Song No. 2	23
Silence.	25
Water.	27
You Told me Water Sprung Forth from Your Hands.	29
Death Would Be a Perfect Day.	31

FLESH.

I.	35
II.	37
III.	39
IV.	41
V.	43
VI.	45
VII.	47

MIST.

Mist.	51
On that Which is Finite.	53
Petrichor.	56
Original Sin.	59
Surviving the Droughts.	61
Dead Bird.	63
Messiah.	65
There Is a Song We Are Not Allowed to Sing.	67
In Christ's Open Hand.	69
Love in the Scent of a Rose.	71
Attila.	73
Before the Coming of Death.	75

RELAPSE.

Relapse: 2:36 AM.	79
Because He Did Not Hang Himself Sooner.	81
To Be the Wrong Child.	83
Two decades.	85
Longing.	87
Legacy.	89
Home	91
Vermisst.	94

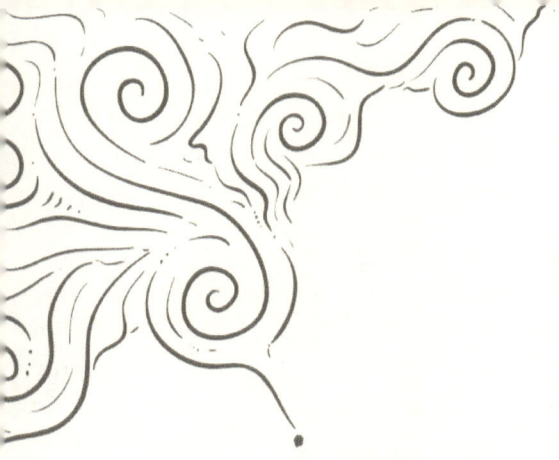

ADVERTENCIA INNECESARIA

Hay que decirlo clara y enérgicamente: seremos testigos de la irrupción de un auténtico poeta, pese a que los asuntos del espíritu están más estrujados que de costumbre en este mundo carnívoro y ofensivamente fugaz.

Javier Fuentes se nos presenta en este libro como un sagaz observador de su entorno, de donde extrae conclusiones que confirman el talante de su halo creativo. Su escritura confronta con serenidad las verdades conocidas, misión irrenunciable de la auténtica poesía. Además, es un lector inteligente que sabe asimilar las palabras mayores y dosifica su influencia en las propias, acercándonos con su fértil microscopio a las contradicciones de su época, muy ajeno a la virtualidad letal de su generación, que suele presentarse en todas partes con aliteraciones divinas sin haber comulgado mucho tiempo en el fango de la cruda realida

De esa manera es que nos ofrece, en *Vaho*, vibrantes hallazgos que lo confirman como un aventajado iniciado en las cavernas luminosas del trabajo poético.

Javier, como poeta, se sabe rara avis y afirma su nombre "como única declaración de guerra". No hay más arma que la identidad para lograr trascender teniendo la osadía de ser lo que se es en un lugar donde la pólvora es el polvo que la lluvia abandona.

Su vocabulario no se ocupa de más relaciones que las primitivas, las del asombro. Y su espacio primigenio se ocupa de las figuras fundacionales: el padre, la madre, los hermanos; hasta ahí se perfilan con aplomo sus indagaciones amorosas y la búsqueda de razones para una soledad acorralada.

Esculca también en la piel de las cosas, dando lugar prioritario a la boca, al aliento, al germen de la palabra que brota de la entraña convulsa, a ese vaho que se revuelca en las cosas como explicación insuficiente.

Con apenas veinte años maneja ya un lenguaje robusto y de atrevida soltura; sin embargo, no dejan de aparecer en su escritura malezas que impiden que el verdor sea nítido, odiosos detalles de gramática y estilo, raíces rebeldes donde el lector puede tropezar si no está lo suficientemente avisado; cosas propias de cuando se arranca en el trepidante oficio de intentar la belleza. E insisto, en los hallazgos de este libro es donde se percibe el "petricor" de lo que está concebido con el alma imperecedera de la lluvia. Comparto algunos de estos inquietantes relámpagos:

> "Ahora brota un ave herida
> del fruto que cae."

> "Desde aquí,
> solo podemos cantar
> los huesos rotos."

> "No hay canto capaz de ser pájaro."

> "En piedra grabé los diez pecados a cometer."

> "Sabedor de que el aroma es más intenso
> cuando muere la rosa."

Me regocija saludar a esta nueva voz que ya necesitábamos en el ambiente literario salvadoreño. De los primeros hijos del siglo XXI que me ofrece la certeza de que nuestra tradición poética seguirá conservando la calidez y la calidad que la ha hecho darnos nombres como Pedro Geoffroy Rivas, Rolando Costa o Ricardo Lindo.

El mejor consejo para el caro lector es que se deje impregnar de este vaho. Y que cada quien saque sus propias conclusiones.

— Otoniel Guevara
A los cuarenta minutos del cinco de febrero de dos mil veintiuno, con pandemia y amenaza de dictadura.

AN UNNECESSARY WORD OF WARNING

This needs to be said loud and clear: we are witnessing the emergence of a true poet, even if at this time matters of the spirit tend to be under more pressure than usual in this carnivorous and offensively fleeting world of ours.

Javier Fuentes comes to us in this book as a keen observer of his surroundings, from which he draws conclusions that confirm just how creative his frame of mind is. His writing calmly stares down some well-known truths, which is the unshakeable mission of true poetry. He is also an intelligent reader who knows how to take on heavy words in order to sparingly yield them as his own. Through his productive microscope he brings us closer to the contradictions of this day and age, while remaining far removed from the lethal virtuality of his generation, which seems infatuated with divine alliterations without ever taking communion with the cruel muck of the real world.

And this is how he is able in *Mist* to make vibrant observations that highlight just how much he stands out among those who wander into the bright caves of poetry making.

As a poet, Javier knows he is quite rare, and his name suffices as his "only declaration of war." Identity is enough of a weapon to become transcendent when one is bold enough to be true to oneself in a place where gunpowder is the dust left behind by the rain.

His vocabulary focuses only on the most primitive of connections, in our connection to wonder. His basic habitat is filled with foundational figures: father, mother, siblings; even in this place, he confidently makes inquiries into the nature of love and searches for the reasons behind his cornered loneliness.

He also rummages through the skin of things, prioritizing the mouth, the breath, the start of a word as it springs forth from an agitated core, a mist that surrounds things as a sort of inadequate explanation.

He is only twenty years old and has already mastered a rich and daringly fluid language; even so, some tumbleweeds crop up in his writing that keep it from being fully green, some bothersome details in the grammar and style, some wild roots that might make an unexpectant reader stumble. Such things are to be expected from someone who takes on the shuddering task of attempting to create beauty. And, I must insist, the things portrayed in this book are things in which "petrichor" is borne out of the rain's endless soul. Let me share some of those disquieting thunderbolts:

"Now a wounded bird
Sprouts from the fallen fruit."

"From here,
All we can do is sing a song
To broken bones."

"No song can ever become a bird."

"Onto tablets of stone I carved ten sins to be committed."

"…a rose's scent is more intense
Once the flower dies."

I am happy to salute this new voice that was becoming quite necessary in El Salvador's literary field. He is an early child of the 21st century, and he provides me with the certainty that our poetic tradition will continue to exhibit the warmth and quality that yielded poets like Pedro Geoffroy Rivas, Rolando Costa, or Ricardo Lindo.

The best advice I can give our dear readers is that they let themselves be fully immersed in this mist Everyone may then draw their own conclusions.

— **Otoniel Guevara**
Forty minutes into February 5th, 2021, in times of pandemic and under the threat of a dictatorship.

LOS CAMINOS APAGADOS.

THE DIM ROADS.

Es mi cuerpo el que vaga y saluda.

> *"La ciudad: ¿la recuerdas? esa moneda de 25 ctvs."*
> *— José Roberto Leonardo.*

La ciudad deja mi rabia a flor de piel.

El tiempo dirá cuando
y no es la paciencia virtud mía.

Afuera no soy yo:
es mi cuerpo el que vaga
y saluda;
no es mi mano la que estrechan,
no son mis ojos los que buscan,
no es mi palabra la que citan,
no soy yo si me ven desde afuera.

Y no hay rabia,
no hay espanto,
Solo flores donde hay tumba
y gusanos donde hubo cuerpo.

Es mi cuerpo el que vaga
y saluda
pero no soy yo.

La flor de mi piel, deja mi rabia en la ciudad.

It Is my Body that Wanders and Waves.

> *"The city: Remember it? That twenty-five-cent coin."*
> *— José Roberto Leonardo.*

The city makes anger bloom on my skin.

This thing on the outside is not me:
It is my body that wanders
And waves;
That is not my hand they shake,
Those are not my eyes they look into,
Those are not my words they quote,
That is not me that they see on the outside.

And there is no anger,
No fear,
Only flowers where now is found a tomb
And maggots where once was found a body.

It is my body that wanders
And waves
But it is not me.

The bloom of my skin is anger falling into the city.

Apátrida.

Nuestras manos no construyen nombres.

Donde la necesidad de portar rostros
se hace presente,
los años se suman a la negación del cuerpo.

Viviendo en el exilio
la lengua la heredamos de los otros,
los caminos los transitamos tras los otros.

Nos volvemos otros
cuando la palabra patria
es saliva inútil.

Homelandless.

Our hands do not build names.

When the need to wear a face
Becomes apparent,
The years pile on top of the body's denial.

When we live in exile,
We inherit the language of others,
We walk after the footsteps of others.

We become others
When the word homeland
Turns into useless saliva.

Nunca volví a caminar veredas.

*"Rutina insoportable de pensar, el final
es solo alguien que saluda y que camina."*
— *Zambayonny.*

Tengo un nombre que se desmorona entre mis dedos
y no sabe encontrar los pasos dados ayer,
cansado del camino se vuelve sedentario
sobre la lengua que lame huesos
para saborear la tierra.

Unos zapatos en el armario,
cansados de esperar a que mi nombre decida tener pies,
se vuelven la tierra que nunca pisaron.

Mi nombre no se puede pronunciar en libertad,
son encierro las líneas que lo conforman.

Nunca volví a caminar veredas
por miedo a darles mi nombre.

I Never Paced the Sidewalks Again.

> *"The thought of this routine is unbearable—the end is simply someone who waves as they walk by."*
> — *Zambayonny.*

I have a name that disintegrates between my fingers
Unable to find the steps taken yesterday.
Worn out by the journey, it becomes sedentary,
As if resting on a tongue that licks bones
In order to taste the earth.

Those shoes in my closet,
Tired of waiting for my name to decide to grow feet,
Crumble into the earth they never stepped on.

My name cannot be pronounced in freedom.
It is confined by the lines that shape it.

I never paced the sidewalks again
Because I am afraid to give them my name.

Hermaia.

> *"Me gustaría que alguien*
> *una tarde*
> *-huyendo del mundo-*
> *derribara la puerta de mi casa."*
> — ***Otoniel Guevara.***

La puerta de mi casa
es un puerto
para todos los gritos.

Desde ella
la espera es un templo
construido por Licaón
profanado por el silencio.

Indagué la profundidad de la espera.

Cortejé a las aves que cantaban mensajes encriptados.

Nunca fueron:
una llamada,
un correo,
un beso a la distancia.

No hubo un Hermes que me salvara de esta soledad.

Hermaea.

> *"I would like someone*
> *some afternoon*
> *to tear down my door*
> *as they flee from the world."*
> *— **Otoniel Guevara.***

The door to my house
Is a port for
The arrival of all screams.

To wait there
Is to stand in a temple
Built by Lycaon
And defiled by silence.

I looked into the depths of this waiting.

I wooed the birds that encrypted their messages into song.

These things never came:
A phone call,
An e-mail,
A kiss blown from a distance.

No Hermes arrived to deliver me from this loneliness.

En el fondo de esta ausencia.

"tengo la sensación
de que las cosas
no me reconocen."
— Fabián Casas.

Yo estoy
en el fondo de esta ausencia
en estado de espera
en la sangre disfrazada
sobre el asfalto.

El problema
es encontrar el cuerpo
convertido en las llagas
mientras el llanto
bautiza la decadencia.

Extraño:
La dulce agonía,
la hiel,
el breve instante
que no me brinda su cobijo.

Eso soy.
El cuerpo sin nombre
que nubla las noches
con sus manos piadosas.

At the Bottom of This Absence.

> *"I have this feeling*
> *that things*
> *don't recognize me."*
> *— Fabián Casas.*

I stand
At the bottom of this absence
In a state of waiting
In the blood that hides
On the asphalt.

The problem
Is how to find a body
Turned into blisters
While a song
Christens decadence.

I miss
That sweet agony,
That bitterness,
That brief instant
Which fails to comfort me.

That is me.
A nameless body
That shrouds the night in clouds
With his devout hands.

Cuaresma.

> *"Y después de hacer un ayuno*
> *de cuarenta días y cuarenta noches,*
> *al fin sintió hambre."*
> *— Mateo 4:2.*

Apesta mi cuerpo.

Son cuarenta noches de arrepentimiento
las que soportan mis cenizas.

Entro al agua con la esperanza
de verme al otro lado del perdón.

Lent.

> *"And after fasting*
> *forty days and forty nights,*
> *he was hungry."*
> *— Mathew 4:2.*

My body reeks.

My ashes bear the weight
Of forty nights of regret.

I enter the water hoping
to find myself on the other side of forgiveness.

Canto Nº 1

Fue en la vejez donde entendí la mortandad de los infantes.

La edad es un lugar
donde recostar la cabeza,
esperando que el sueño
no irrumpa en la habitación.

Desde este lugar,
toda mano es una oda
a sostener la sangre.

Desde aquí,
solo podemos cantar
los huesos rotos.

Fue en la infancia donde acumulé cadáveres.

Song No. 1

It was in my old age that I understood how near to death infant children are.

Old age is a place
To rest one's head
In the hope that sleep
Will not break into the room.

From this place,
Every hand is an ode
to holding blood.

From here,
All we can do is sing a song
To broken bones.

It was in my childhood that I accumulated dead bodies.

Estigma.

Hubo una época hermosa otorgada por las flores.

Ahí donde ahora corre un río
he visto brotar la sangre de mis manos.

El paso adormecido de su huella
negó la naturaleza de mi estigma,
diciendo de dios lo que se dice de mí.

Stigma.

There was once a beautiful time that stemmed from the flowers.

Where a river now flows,
I saw blood springing forth from my hands.

The sleepy trail of its path
Denied the true nature of my stigma
By saying of god what people say of me.

Almuerzo.

Mariana pone la mesa:
llama a los niños
y nadie acude a su voz.

El eco es la respuesta
de los hijos marchitos.

Lunchtime.

Mariana sets the table,
Calls the children,
And no one comes to her voice.

An echo is the answer she receives
From her children who have withered away.

Otras formas de llorar.

> *"Descubrimos otras maneras de llover,*
> *otras formas de llorar."*
> *— Claudia Fernández.*

Si de mi aliento se desprende alguna palabra,
un aroma a lirios o una bandada de aves,
es porque nada sabe de mezclarse con el humo.

Desde la hondura de la boca se gesta el llanto,
no de los ojos.
Las grietas saben de retener el agua,
en cambio,
las ventanas solo pueden presenciar su caída

Aún me pregunto por la forma en que lloramos:
como escondemos los ojos
y dejamos que el grito se instale
para llorarnos desde la palabra.

Other Ways to Cry.

> *"We discovered that rain falls in different ways,*
> *that there are other ways to cry."*
> *— Claudia Fernández.*

If out of my mouth comes some word,
A smell of lilies, or a flock of birds,
That is because it does not know how to mingle with smoke.

Tears emerge from the depths of our mouths,
Not from the eyes.
Crevices are good at holding water,
Yet on the other hand,
Windows can only watch it fall.

I still wonder about the way we cry—
The way we hide our eyes
And let a wail take over
as our tears become words.

Canto Nº 2

De la semilla brota un pájaro
Que enluta árboles
Con el canto de la soberbia.

Nunca había conocido el odio como entonces.

Ahora brota un ave herida
del fruto que cae.

La oquedad de nuestro costado
es la herencia de sabernos solos
y cantar la soledad
como si fuéramos
los únicos que podemos oírla.

Song No. 2

A bird sprouts from a seed,
A bird that makes trees mourn
With a haughty song.

I never knew hatred quite like I did then.

Now a wounded bird
Sprouts from the fallen fruit.

The cavity in our side
Is the legacy of knowing we are alone
And of singing the songs of loneliness
As if we were
The only ones who can hear them.

Silencio.

I.

Afuera todo es gritos abrumadores de silencio.

Después del estruendo: nada.
Ni los ojos, ni los oídos
son capaces de descifrar la pesadez
de no escuchar y de no ver.

II.

Desde mi boca se gesta el silencio;
ninguna palabra que describa la soledad.
Las calles se llenan de maleza y moho,
la noche arropa todos los miedos
que se quedan en casa.

Salgo por necedad,
para ver si no han cambiado las estaciones,
para saber
si aún puedo encontrar el camino a casa
sin tener que dejar migas tras cada paso.

Para conocer los semáforos apagados,
las banquetas vacías:
lugar donde se juntan las soledades.

Todo es silencio en las calles,
los gritos se ahogan
tras las puertas del hogar.

Silence.

I.

There is nothing outside but overwhelming screams of silence.

After the clatter: nothing.
No eye, no ear
Can decode the sense of despondency
In the inability to hear and to see.

II.

Silence emerges from my mouth;
No word can describe the loneliness.
Mildew and underbrush fill the streets.
The night provides cover to all fears
Sheltered at home.

Stubbornly, I go out
Just to see if the seasons have not changed,
Just to know if I can still find my way home
Without having to drop breadcrumbs after every footstep.

Just to make the acquaintance of non-working traffic lights,
of empty sidewalks—
of that place where the lonelinesses meet.

There is nothing in the streets but silence;
Screams are drowned out
Behind household doors.

Aguas.

"Mi abuela ve llover y calcula este aguacero."
— *Kike Zepeda.*

Ahora que soy rehén
y la luz es una patria prometida,
veré fundarse nidos olvidados por el cariño,
sentiré caracoles recorriendo mis labios
con la terrosa humedad que disuelve senderos.

Mi abuela ve llover:
augura pájaros muertos sobre el tejado,
reconoce desde las líneas marciales
formadas por hormigas,
la llegada del invierno.

El techo suena a guerra,
el patio:
paredón de fusilamiento.
Es una fiesta de los muertos
cada vez que llueve en casa,
todos tenemos alguien por quien llorar.

Water.

> *"My grandmother watches it rain and works out the downpour."*
> *— Kike Zepeda.*

Now that I am held hostage
And light becomes a promised homeland,
I will see the origin of nests abandoned by love,
I will feel snails traversing my lips
with that earthy moisture of vanishing roads.

My grandmother watches it rain—
She foretells dead birds on the roof,
She discerns the coming of winter
In the military lines
Formed by ants.

The ceiling sounds like a war,
The backyard,
Like a firing squad.
Every time it rains my home
is transformed into a celebration of the dead.
We all have someone for whom to cry.

Me contaste que el agua nacía de tus manos.

Tus manos:
manantiales del agua que rehúso beber.

Es más que un gesto el charco que ahorras en tus palmas,
es el símbolo de la sed saciada,
lluvia insostenible para mi boca y mi odio.

Debo disculparme por las escamas de estos años,
por secar los lagos que juntabas para mí
y las pocas veces que vi tus ojos para inundarlos.

Es desierto la vida.
Pero tus manos me dieron de beber,
mientras que las mías
solo sabían ahorcar.

You Told me Water Sprung Forth from Your Hands.

Your hands:
Natural springs of water I will not drink.

The water you cup in your hands is more than a gesture;
It is a symbol of quenched thirst,
Finite rain falling in my mouth and into my hatred.

I must apologize for my scaly skin all these years,
For drying up the pools you gathered for me,
And for scarcely looking into your eyes to fill them.

Life is a desert.
And your hands gave me drink,
But mine, in turn,
were only good at strangling.

La muerte sería un día perfecto.

> *"La muerte es un día perfecto hasta que todo se nubla"*
> — *Tamym Maulén.*

La muerte es un día perfecto hasta que todo se nubla,
y las nubes son de lluvia
y llueve hasta que la sangre se confunde de asfalto.

El mantel de la mesa sueña con cubrir cadáveres
y yo espero cruzar la neblina sin vendarme los ojos.

Hoy no llueve como noches anteriores.
El agua no es un torrente:
es la blasfemia última que humedecerá mis labios,
y no es por soberbia que rehúso a beber,
es porque conozco mi castigo
y la muerte sería un día perfecto para cumplir condenas.

Death Would Be a Perfect Day.

> *"Death is a perfect day until the skies become cloudy"*
> — *Tamym Maulén.*

Death is a perfect day until the skies become cloudy,
And the clouds are filled with rain,
And it rains until blood mingles with asphalt.

A tablecloth dreams of covering dead bodies,
And I hope to walk through the fog without covering my eyes.

The rainfall tonight is not like on previous nights.
Water does not become a torrent—
It becomes that final blasphemy that will make my lips moist,
And my refusal to drink is not born out of arrogance;
Rather, I know my punishment,
And death would be such a perfect day to serve my sentence.

CARNE.

FLESH.

I.

No sé cómo pronunciar la sed que me ahoga
sin humedecer mis labios,
sin quedar como mentiroso.

Conozco perfectamente la carne que me conforma:
es un mar que se drena por mis ojos
y salpica de su saliva
la sangre que yace tendida en el suelo.

I.

I do not know how to pronounce this drowning thirst
Without making my lips moist,
Without becoming a liar.

I know perfectly well which flesh satisfies my hunger:
It is a sea that pours out of my eyes
And splashes with saliva
The blood that lays on the ground.

II.

La sangre es un abecedario que deletrea mi negación.

Mientras muevo la cabeza para rechazar la palabra
es la carne quien áspera se corroe,
a falta de una lengua que articule su rostro
sobran manos que palpen su nombre.

II.

Blood is an alphabet that spell out my refusal.

I shake my head to reject words,
And my rugged flesh becomes corrupted.
With no tongue to enunciate its face,
eager hands feel up its name.

III.

Traigo las manos adoloridas
llenas de sueño
suplicando a gritos
la leve espesura de la noche.

Todo se pone borroso
cuando las abejas crean enjambres en mis pupilas.
Retrocedo cientos de años hasta una infancia de otro
y me reconozco en la cara de los que han muerto
en circunstancias similares.

Las palmas son témpanos
que recorren sin miedo
esta agua turbia que se me gesta en los labios,
esta sinceridad tan inoportuna
que hace brotar cadáveres de entre mis dientes.

Perdonen el mal gesto de mis manos
desde ellas nace todo este sinsentido
este malentendido que nos extiende hacia los espejos
y nos muestran las figuras eternas de nuestras sonrisas.

III.

My hands ache
Filled with sleepiness
While screaming out
For the night's thin veil to fall.

Everything turns hazy
When a colony of bees settles in my eyes.
I travel back hundreds of years to the childhood of another,
And I see myself in the face of those who died
in similar circumstances.

The palms of my hands are icebergs
Floating boldly
In these murky waters that emerge from my lips,
This rather ill-judged honesty
That makes dead bodies spring forth from in between my teeth.

Kindly forgive my hands' poor movements.
All this nonsense is born from them,
This misunderstanding that places us in front of the mirror
And shows us the eternal shape of our smile.

IV.

Sueño con encontrar la voz que nazca de ninguna lengua,
que sepa pronunciar los huesos sin contarlos,
mancillar la carne para enternecer la noche.

Una voz
que sueñe con ser silencio
mientras que del silencio
no brote nuestra culpa.

Quien sepa encontrar su voz
sabrá decir donde irrumpe el latido
(con la noble intención de apaciguar tormentas)
para que no despierten las aves
que coleccionan ojos de crucificados.

IV.

I dream of finding a voice that that comes from no tongue,
A voice that can speak of bones without counting them,
That can make the night tender by sullying the flesh.

A voice
That dreams of becoming silence,
So long as our guilt
Will not spring from that silence.

Whoever can find their voice
Will be able to say where their heart beats
(With the noble intent of calming the storms)
So as to not wake up the birds
That gather the eyes of those who were crucified.

V.

Herido:
detrás de las navajas
en duelo directo
contra las piedras del camino.

La decadencia de estas calles
no otorga monedas suficientes
como para comprar un cristo.

Es uno mismo quien cercena sus vísceras,
quien amputa la madrugada
pariendo bastardamente, entre las piernas,
hijos de otras noches,
hijos que al mediar palabras con su progenitor
entienden el amargo sabor que deja
pronunciar sus nombres.

¿Qué dirá mi nombre sobre ellos?
¿Será el estigma que heredaron,
la última calle de esta noche?

Yo también prefiero morir
antes que amanezca.

V.

Wounded:
Behind the knives
That clash openly
With the blocks on the road.

The decadence in these streets
Is not profitable enough
To buy even a crucifix.

One must eviscerate oneself,
Amputate the early morning hours
And give bastard birth between one's legs
To the children of other nights,
Children who will speak with their parent
And understand the bitter aftertaste of their names.

What will my name say about them?
Will the legacy of stigma that falls upon them
Be the last street of this night?

I too would rather die
Before sunrise.

VI.

Cualquier lengua puede lamer la herida,
todo ojo ver el problema,
la mano es incapaz de sostener la sangre,
la palpitación no se detiene a escuchar el murmullo.

Las casas albergan entre sus paredes
el filo de la cuchilla que se instala certera
sobre la luz que reluce en su costado.

Las calles son la sala de espera
de un parto interminable y tortuoso.
Los gritos son niños
que caen desde el ojo como un llanto.

Todo esfuerzo es vano:
absolutamente nada,
un vacío como si la muerte
naciera de nuevo.

VI.

Any tongue can lick a wound,
Any eye can see the problem,
A hand is unable to hold blood,
The thumping of a heart cannot pause to hear its own murmuring.

Houses hold within their walls
A razor's edge that glimmers confidently
Reflecting light off its side.

The streets are the waiting room
To a difficult and perpetual childbirth.
The screams are children
Who fall from an eye like tears.

All efforts are in vain—
They are absolutely nothing,
A void, as if death
Was born anew.

VII.

> *A partir de:*
> *"Me and the Devil Blues"*
> *de **Robert Johnson**.*

Se abre la frontera que divide infiernos semejantes.

No alcanzo a sospechar de mi corazón.
Solo coloco paños húmedos sobre la fiebre,
acomodo la impetuosa inquietud debajo de mi lengua
y muerdo,
hasta hacer sangrar la palabra
y erguirme vencedor de las pequeñas guerras de la renuncia.

Todo infierno es el deseo de mis manos.

Escucho más allá de mi ventana:
Me and the Devil
Was walking side-by-side.

Escucho más allá de la noche:
no me atrevo a pronunciar la neblina,
la farola escupe con asco la luz,
son siete pasos los que rompen el silencio.

La lápida sin cuerpo sigue esperando quien la adopte.
Baby, I don't care where you bury my body
When I'm dead and gone.

No me importa si es la muerte
mientras las moscas sepan de mi carne.

VII.

After
Robert Johnson's
"Me and the Devil Blues".

The border that stands between look-alike hells is opening.

I cannot be suspicious of my heart.
All I can do is apply a damp cloth to my fever,
Place my unruly uneasiness under my tongue
And bite,
Until words bleed out
And I can stand triumphant over these small wars of renouncement.

The desire of my hands is hell, every time.

Outside my window, I hear the song:
Me and the Devil
Was walking side-by-side.

I hear something somewhere past the night—
I dare not speak of this fog,
The streetlamp spews light in disgust,
And seven steps break the silence.

A tombstone is still waiting for a body to call home.
Baby, I don't care where you bury my body
When I'm dead and gone.

I do not mind death
As long as the flies know of my flesh.

VAHO.

MIST.

Vaho.

I.

Voy a empezar
la pesada tarea
de ser yo mismo.

Ser mis manos, es mi manera de negar todo lo que palpo.
Ser mi palabra, es ser parte de otras palabras

Ser yo, es renunciar a ser el otro
aquel que seduce la carne que me reviste
y quiere poseer como suyo
el yo que he decidido ser.

II.

Sólo el vaho como silueta
acude a la representación de mi carne.

Abro los ojos por primera vez
y no es mi madre la que amamanta mi aniquilada boca.

Mist.

I.

I will start
On the burdensome task
Of being myself.

By being my hands, I deny everything I touch.
By being my words, I belong in other words.

By being me, I give up on being someone else,
Someone who seduces the flesh that clothes me
And who wants to possess as his own
That being which I have decided to be.

II.

The mist alone shapes into a silhouette
and visits the symbol that is my flesh.

I open my eyes for the first time
And it is not my mother who nurses my shattered mouth.

Sobre lo Finito.

De la finitud:
mis manos,
mi nombre como única declaración de guerra,
exclamación última de la podredumbre.

Hoy, al alba, le arrojo la imposibilidad de mi palabra,
lo limitado de mis ojos.
Le arrojo, más allá de lo audible,
esta pesada piedra que cargan mis años.

Espero, en la orilla de cualquier contacto
la respuesta de la vida,
que sobreponga sus manos sobre mi boca
y ahoguen el grito que se me gesta desde la infancia.

Pero esta finitud es todo lo que me cabe en el pecho,
aunque mis manos no abarquen
más allá de lo que puedo nombrar.

On that Which is Finite.

Regarding finiteness:
My hands,
My name as the only declaration of war,
The ultimate expression of my rot.

Today, at dawn, I hurl at it the impossibility of my words,
The limitations of my eyes.
I hurl at it, more so than what can be heard,
This heavy rock that I carry in my years.

At the shore of any contact, I wait
On life's answer,
Hoping it will place its hands on my mouth
And muffle the scream that emerges from my childhood.

But all that fits into my chest is this finiteness,
Even when my hands can only hold
The things that I can say.

Petricor.

> *"Mi cuerpo dejo caer al precipicio*
> *des*
> *cien*
> *de*
> *y se convierte en piedra..."*
> — **Pablo Antonio Alvarado Moya.**

I.

Las piedras hablan un lenguaje de aromas.

II.

Desde la piedra brota el agua,
la toco con mi báculo.

En piedra grabé los diez pecados a cometer.

En piedra y sal se convertirá mi sino.

Cuando vuelva a contar las huellas
la lluvia las habrá borrado
para dejar el petricor en lugar de la noche.

III.

Aquí la noche,
aquí los destierros.
Aunque llueva
las manos apestan
a la soledad obtenida
en busca de nuestros muertos.

Nos mojamos las manos,

los rostros,
enjuagamos nuestra sed.
Es nuestro símbolo esta limpieza del dolor.

Los pies solo saben andar y tocar las aguas,
golpearse contra las piedras
y gemir.

Aquí recibimos
con bocas abiertas
las gotas
aunque el aroma de la lluvia
nos recuerde al de la sangre.

Petrichor.

> *"I let my body fall off a cliff*
> *as*
> *it*
> *drops*
> *it turns into stone..."*
> — **Pablo Antonio Alvarado Moya.**

I.

Stones speak the tongue of scents.

II.

Water flows from the stony rock,
I tap on it with my staff.

Onto tablets of stone I carved ten sins to be committed.

My fate will turn into salt and stone.

When I turn back to count my footprints,
The rain will have washed them all away
And will have replaced the night with petrichor.

III.

Here is the night,
Here are the banishments.
Even when it rains,
Hands reek of a loneliness
Obtained from searching for our dead.

We soak our hands,

Our faces.
We rinse out our thirst.
This cleansing of our pain is our symbol.

Our feet only know about walking and dipping into water,
About striking stony surfaces
And moaning.

Here we welcome
The raindrops
With mouths wide open,
even when the scent of the rain
is reminiscent of the smell of blood.

Pecado original.

Entristece dios,
porque con su milagro
besaron la noche.

Original Sin.

God is now saddened
Because they have kissed the night
With his miracle.

Para sobrevivir sequías.

1.

La tierra juega
a condenar de sequía
jardines ajenos.

2.

Espero llover
y florecer palabras
entre jaramagos.

Surviving the Droughts.

1.

The earth likes to play
At sentencing to long droughts
Her neighbors' gardens.

2.

I hope to make rain
And to make my words blossom
Among mustard plants.

Pájaro muerto.

1.

No hay canto capaz de ser pájaro.

2.

Batir las alas es una promesa
que se construye desde el suelo.

3.

Sostuve un pájaro muerto entre las manos.

Ningún llanto me redime de la culpa que siento
por no tener nidos esperando su caída.

Dead Bird.

1.

No song can ever become a bird.

2.

The beating of a bird's wings is a promise
That is raised from the ground up.

3.

I once held a dead bird in my hands.

No crying can redeem me from the guilt I feel
For not having a nest to catch them when they fall.

Mesías.

La noche es un aullido que descansa en la garganta de los perros.

En esta noche,
no hay estrella que guíe vagabundos
hasta el pesebre de mi natalicio.

No tuve tiempo para pedir perdón
por la serpiente que aplasté con mis pies desnudos.

Hurgo en los basureros en busca de mis clavos,
arrebato infantes de los brazos de sus madres
solo para sentir el llanto genuino de la infancia.

Camino entre las tentaciones,
cayendo estación tras estación
en el profundo invierno
de saberme hecho para la muerte.

Aquí yace un cuerpo:
sepulcro vacío
luego de los tres días
descendiendo entre gusanos.

Messiah.

This night is a howl simmering in the mouths of dogs.

Tonight,
No star leads homeless men
To the manger of my birth.

I did not have the time to ask for forgiveness
For having crushed the serpent's head with my naked feet.

I rummage through landfills searching for my nails,
I snatch children from the arms of their mothers
Just to hear childhood's authentic crying.

I walk among temptations,
Falling station after station
In the depths of winter,
Knowing that I was made to die.

A body lies here:
An empty tomb
After three days
Of descent among maggots.

Existe un canto prohibido para nosotros.

Existe un canto prohibido para nosotros.

Si preguntamos:
¿Dónde están los que estuvieron?
No hay voz que responda
ni mano que señale.

La terrosa señal de quien no tiene rostro,
es un mensaje encriptado que nace de los árboles.

Traslúcida la boca que pronuncia nombres,
sucios los pómulos que reciben besos,
oscuro el llanto que niega despedidas,
todo el odio para la tierra que devora.

Existe un canto prohibido para nosotros
que promulga la necesidad
de quedarnos callados
y vendados de los ojos.

There Is a Song We Are Not Allowed to Sing.

There is a song we are not allowed to sing.

If we ask,
Where did they go, those who are gone?
No voice will answer
And no hand will signal.

The earthy signal given by those without a face
Is an encrypted message found in the trees.

A mouth that speaks names is translucent,
A cheek that gets kissed is filthy,
A whimper that refuses to say goodbye is dark,
All hatred is aimed at the devouring ground.

There is a song we are not allowed to sing,
A song that decrees our need
To stay quiet
And to keep blindfolded.

En la palma abierta de cristo.

> *"Hay hombres en los que gime dios*
> *por no encontrar un hombre*
> *donde morir de carne."*
> — ***Hugo Mujica.***

I.

En la palma abierta de cristo
donde el silencio es más angosto
se encuentra esta distancia
que no supo doblegar mi ineptitud.

No lo sé
Escucho forzoso el himno de mis pecados,
Pero mucho más vacíos
los tres golpes que alguna vez soportó mi pecho.

II.

Oh señor.

Deja caer mis pecados
en el interminable goteo
que me ofrece tu palma abierta.

In Christ's Open Hand.

> *"There are men in whom god groans*
> *Unable to find a man*
> *Where he might die in the flesh."*
> — ***Hugo Mujica.***

I.

In christ's open hand,
Where silence thins out,
Is found the distance
That my inadequacy could not overcome.

I don't know.
I am compelled to listen to the hymn of my sins,
But what is even hollower
Is the three blows my chest once had to take.

II.

Oh lord.

Let my sins fall
In the endless dripping
Offered by your open hand.

El amor en el aroma de la rosa.

El amor no sabe de donde proviene su saliva
solo relame sus heridas con resignación,
es la costumbre de quien no sabe de soles
de quien no pone en práctica la hiel de su cuerpo.

Se reviste de maleza: reposa.
Hace brotar en otro pecho el poema
ya marchito y grisáceo.

Sabedor de que el aroma es más intenso
cuando muere la rosa.

Love in the Scent of a Rose.

Love is unsure where its saliva comes from.
It simply licks its wounds resignedly.
This is customary for those who know nothing of sunlight,
For those who do not use the bile in their bodies

It dresses in underbrush—it rests.
It makes a poem spring forth in another blossom,
And the poem sprouts withered and grayish.

It knows that a rose's scent is more intense
Once the flower dies.

Atila.

Atila cabalga por las calles de la ciudad.
Llora holocaustos
porque no queda naturaleza por fenecer.

Attila.

Attila rides the city's streets.
He weeps a holocaust
Because no nature is left for the killing.

Antes que llegara la muerte.

> *"El silencio fue la casa enorme*
> *donde vivimos muchos años limpios*
> *Demasiado muertos, demasiado felices."*
> — **Tamym Maulén.**

El silencio fue la casa enorme
de paredes interminables
de jardines reducidos
donde hablaba únicamente
quien pudiera cargar la pesadez del recuerdo.

Tratamos de vencer
el maleficio de las puertas,
los cerrojos donde no cabía nuestra mirada,
donde los quicios lamentaban
la entrada de todo lo que perturbara
la estadía del silencio.

En esta casa
donde solo se necesitaba
de una luz para iluminarnos los rostros avergonzados,
descansaba en el último cuarto
un cristo que renegaba por los clavos de su cama,
que la llaga le dolía por los ojos
y la boca fue su único milagro,
desde donde hizo nacer
cada uno de nuestros nombres
antes que llegara la muerte.

Before the Coming of Death.

> *"Silence was that large house*
> *Where we lived many a clean year.*
> *We were all too dead, all too happy."*
> — *Tamym Maulén.*

Silence was that large house
Of endless walls
Of small gardens
Where only those able to carry the weight of their memories
Could speak.

We tried to beat
The spell in the doors,
The deadbolts that were too small to see,
The doorframes that moaned
Every time someone walked in to disturb
The permanence of our silence.

In this house,
where a lamp was enough
to cast light on our shameful faces,
there was a room at the end
where a christ grumbled about the nails on his bed,
about the wounds hurting in his eyes,
and his only miracle was found in his mouth,
with which he pronounced
each one of our names
before the coming of death.

RELAPSE.

RELAPSE.

Relapse: 2:36 AM.

Mi padre: un ojo extraño que llora sangre
pero no concede milagros.

La madrugada se esculpe sobre las cejas,
cuando la ausencia pesa más que todos los años.
No es momento de abrir heridas,
no es momento de confesar asesinatos,
si la sangre hierve sobre la cuchara
nada podrán hacer por el cuerpo que queda galopando.

No necesito puños,
no necesito dientes.
Necesito que nazca de mi la rabia
para amar luego del atardecer,
para empapar hormigas con mi llanto
o para que Eric Clapton inunde la habitación.

Yo me convenzo de que las manos no me engañan,
no buscan estrangularme,
no las altera la taquicárdica percusión
que penetra mis oídos.

Esta hora me revela quien soy.
Yo sé que no me engaña.
Yo sé que no me engaña.

She don't lie
She don't lie
She don't lie...

Relapse: 2:36 AM.

My father—a strange, bleeding eye
That doesn't grant miracles.

The wee hours carve themselves above my eyebrows
When someone's absence is a heavier burden than all the years.
This is no time to open wounds,
No time to confess murders.
If blood boils on a spoon,
Nothing can be done for the galloping body.

I don't need fists,
don't need teeth.
I need anger to spring from inside of me
To love after sundown,
To soak ants with my tears,
Or to have Eric Clapton flood the room.

I convince myself that my hands don't trick me,
That they don't seek to strangle me,
That they aren't unsettled by the rapid percussion
that pierces into my ears.

This hour tells me who I am.
I know she's not tricking me.
I know she's not tricking me.

She don't lie
She don't lie
She don't lie...

Por no ahorcarse a tiempo.

> *"Yo nunca fui muy dotado para ser feliz."*
> — **Fabián Casas.**

Y no es que nos separe un país,
un continente,
o una puerta.
Es mucho más que eso.

Mi abuelo y yo podríamos ser el mismo
pero solo compartimos el estigma del rostro.
El gesto que confunde a quien nos busca
entre las sonrisas amenas.

Solo compartimos la pesadez de estar vivos,
algún gusto culposo por la revolución
y lo melifluo de la nostalgia.

En algún momento nos pudimos cruzar en San Francisco,
pudimos compartir panfletos,
pero no hay más agonía en sus manos que en las mías:
en las de él,
por no ahorcarse a tiempo
y en las mías,
por no hacerlo tarde.

Because He Did Not Hang Himself Sooner.

> *"I was never very good at being happy."*
> *— Fabián Casas.*

It is not just that we are separated by a country,
A continent,
Or a door.
It is much more than that.

My grandfather and I could be the same person,
But we only share the stigma on our faces,
An expression that is confusing to those who look for us
Among pleasant smiles.

We only share the despondency of being alive,
the guilty pleasure we feel in the revolution,
And the honeyed taste of nostalgia.

We might have crossed paths at some point in San Francisco,
Might have exchanged pamphlets,
But his hands are not in more agony than mine:
his,
Because he did not hang himself sooner,
And mine,
Because I fear doing it only too late.

Ser el niño errado.

> *"Porque el idioma de infancia*
> *Es un secreto entre los dos."*
> — ***María Elena Walsh.***

> *"Éste es usted de niño, entre otros niños de su edad;*
> *¿se reconocería a simple vista?"*
> — ***Enrique Lihn.***

Llorar a lágrima viva
es traducir la infancia
a un idioma universal.

Entender la rigidez del puño,
es entender a quien niega la razón
a quien esconde las manos
como ocultando
la suciedad que lo posee.

Ser el niño errado
es ser el hombre ausente,
al que le han pegado en la cara
años después de la travesura,
el que tiraba la sopa
como tira ahora la bilis,
el que escondía sus juguetes
como esconde ahora el rostro,
el que lloraba a un cachorro
como llorar a un hijo muerto.

El que dibujaba alegremente a su familia
como la llora hoy en un poema.

To Be the Wrong Child.

> *"Because the language of childhood*
> *Is a secret between the two of us."*
> — ***María Elena Walsh.***

> *"This is you as a child, among other children your age.*
> *Would you recognize yourself at first glance?"*
> — ***Enrique Lihn.***

To cry your eyes out
Is to translate one's childhood
Into a universal language.

To understand the stiffness of a fist
Is to understand those who deny reason,
Those who hide their hands
As if hiding
The filthiness that possesses them.

To be the wrong child
Is to be an absentee adult
Who gets struck on the face
Years after the childish prank,
The one who hurled his soup
Like he now hurls his bitterness,
The one who hid his toys
Like he now hides his face,
The one who wept over a puppy
as if it were his dead son.

The one who used to gleefully draw his family
And now mourns it in a poem.

Dos décadas.

> *"Usted es el fracaso de los hombres con mi apellido,*
> *también el maleficio de los hombres con mi rostro."*
> — ***Óscar Fuentes.***

Dos décadas tardó en arder el rostro.

Basta estar consciente para arrancarse a tiras los recuerdos,
y no contar las líneas de expresión que recuerden al rostro,
que se pudre en una fotografía colgada de la pared a la entrada de la casa.

No supe de ese nombre, hasta que empecé a cometer los mismos errores.

Errata de los nunca presentes,
silla que no soporta el peso de la ausencia.

Gusanos que adornan los ojos
de quien paga sus pecados
viendo el rostro
que le heredó a su verdugo.

Two decades.

> *"You are the failure of the men who bear my surname,*
> *and the hex of the men who bear my face."*
> — **Óscar Fuentes.**

It took two decades for my face to burn.

All it takes is awareness to tear off the memories,
To keep from counting the expressive lines on that face
That rots on a picture framed on the wall next to the front door.

I knew nothing of that man, until I started making the same mistakes.

The mistake of never being present,
An empty chair unable to bear the weight of absence.

Worms decorate the eyes
Of those who atone for their sins
By staring at the face
They inherited from their executioner.

Añoranza.

Siempre son otros los que inundan mi voz.

Nadie quiere conocer la imagen propia y lo sostengo.
¿A dónde lo indeseado y lo terrible,
 si todos somos la máscara que nos inventamos?

¿A dónde la gracia de contar los dientes en nuestras sonrisas?

A mi madre le nace una lágrima desde el parto
y yo no puedo llorar las muertes de los nuestros.
Maldición de no poder encontrar entre nosotros
la razón necesaria para sentir.

El llanto que ahogué estas décadas,
es el mar donde mi hermano sumerge sus dedos
pesca la añoranza de saberse hijo único
y vuelve a dormir pensando en la soledad.

Longing.

My voice is always flooded by other people.

No one wants to know their own image, and I hold it.
Where goes all that is undesirable and terrible
If each one of us is simply our invented mask?

Where goes all the humor in counting the teeth of our smiles?

My mother has shed tears since childbirth,
And I cannot cry over the deaths of our people.
Such is the curse of not being able to find among us
enough of a reason to feel.

The weeping which I have held back these past few decades
Is the sea in which my brother dips his fingers,
Catches the longing of being an only child,
And falls back asleep thinking of loneliness.

Herencia.

Ahogué la voz de mi madre
cuando supe encontrar mi propia voz.

La callosidad de mis manos
nada tiene que ver con las de mi padre.

Mis hermanos heredaron el rostro de la ausencia.

De mí nacerá un futuro muerto
que con sus manos silenciadas
limpiará las mejillas azarosas
de quien llora la vida,
quien celebra la muerte.

Legacy.

I drowned my mother's voice
Once I found my own voice.

The roughness of my hands
Makes them very different from my father's.

My brothers and sisters inherited their face from absence.

I will father a future corpse
Who will use his quiet hands
To clean the fearful cheeks
Of someone who weeps because of life,
Someone who celebrates death.

Hogar.

> *"No vivo en el barrio de Perreux-sur-Marne*
> *donde el gris siempre sonríe."*
> — **Noé Lima.**

Mientras sostengo el latido en el pecho
para no despertar a quien sueña con lo que florece de la noche,
y a quien pronuncia augurios de amaneceres
desde lo gutural de su voz mermada.

La genuflexión ante las cruces de cada puerta
es un ritual de los aun despiertos,
para romper umbrales sin enmudecer los pasos,
para dormir sollozos que aparecen ante los espejos.

La casa duerme:
no hay niños que corran su patio,
madres que abracen su aroma,
perros que ladren cuando asoma la muerte.

Quedo yo,
viendo como todo eco
es solo la negación de la casa
a sentirse vacía.

Home.

> *"I don't live in the Perreux-sur-Marne neighborhood
> where the color grey always smiles."*
> — ***Noé Lima.***

I hold in my chest my heartbeat
So it will not wake up those who dream of the flowers in the night
Or those who utter omens regarding the daybreak
With their guttural, worn out voice.

The display of reverence before the crosses found on doors
Is a ritual for those who are still awake,
Intended to traverse thresholds without muffling the sounds of footsteps,
To drown out the sobs from those who stand before mirrors.

The house sleeps:
There are no children running in the backyard,
No mothers embracing homespun aromas,
No dogs barking when death approaches.

I remain,
Watching how every echo
Is simply the house's refusal
To feel empty.

Vermisst.

I.
En mi ausencia,
la geografía de los pies descalzos
es un camino único
para evitar retornos.

En mi presencia,
cabe toda la ternura
de quien odia por compasión,
negando el amor
a quien no conoce
la fragilidad del recuerdo.

II.
Si no fue sombra el nombre que bautizó mi frente,
el frío será del agua sólo un invento
y las calles una serpiente que bajo nuestros pies
se convierte en la negra confesión de las madrugadas.

Caminante, no hay camino que deje marcada la senda hacia el regazo,
hacia una madre que contenga nuestros temblores
cuando nos abstenemos de ser lo que nos puso contra las piedras.

III.
¿Seré yo ese cristal roto?

Nada es especial en este filo apagado.
Nada como la quietud para esperar la herida.

IV.
Eternamente en el reflejo.

Nombro las cosas por su debilidad.

Si hay algo que no quepa entre mis palabras
será lo único capaz de sobrevivir
una temporada lejos del hogar.

Vermisst.

I.
In my absence,
The geography drawn by bare feet
Is the only path
To avoid turning back.

In my presence,
There is all the tenderness
Of someone who hates out of compassion,
Who holds back love
From those who are not familiar
With the frailty of remembrance.

II.
If my forehead was not christened after the shadows,
Then this cold will be the result of water's imagination
And the streets will be a serpent that under our feet
Turns into the black confession of the wee hours.

Wayfarer, there is no path that points back to her lap,
To mother who holds us as we tremble
When we abstain from becoming that which casts us out into stony ground.

III.
Am I this broken glass?

There is nothing special in this dim razor's edge.
There is nothing like the stillness of waiting to be wounded.

IV.
Eternally found in this reflection.

I name things by their weakness.

If something does not fit in my words
That will be the only thing capable of surviving
A season far from home.

Biografía

Javier Fuentes Vargas (Santa Ana, El Salvador, 2000). Estudiante de Antropología Sociocultural en la Universidad de El Salvador. Colaborador en la edición de la revista literaria Obsidiana. Ha participado en diferentes eventos y lecturas a nivel nacional e internacional. Su poesía ha sido publicada en diferentes revistas impresas y digitales de México, Guatemala, Argentina, Colombia, Eslovenia, España y El Salvador. Mención de honor en el festival internacional "Premio a la palabra" por "Duele Igual" (Argentina, 2019). Finalista del XVII concurso literario Gonzalo Rojas Pizarro por "Vaho" (Chile, 2020). **Obra publicada:** *La muerte llegará* (Artesanos & Editores, El Salvador, 2019) y *Un lugar donde espero no morir sin conocer el odio* (Incendio Plaquettes, Guatemala, 2021). Ha sido traducido al inglés y esloveno.

www.ingramcontent.com/pod-product-compliance
Lightning Source LLC
Chambersburg PA
CBHW021448070526
44577CB00002B/315